EL OTOÑO

MIENTRAS LA TIERRA GIRA

por Lynn M. Stone

Versión en español por Aída E. Marcuse

The Rourke Book Co., Inc.

Vero Beach, Florida 32964

FOTOGRAFÍAS:
Todas las fotografías fueron realizadas por: © Lynn M. Stone

Catalogado en la Biblioteca del Congreso bajo:

Stone, Lynn M.
   [El otoño. Español]
   El otoño / por Lynn M. Stone: versión en español por
Aída E. Marcuse.
   p. cm. — (Mientras la Tierra gira)
   Incluye índices.
   ISBN 1-55916-061-6
   1. Otoño—Literatura juvenil. [1. Otoño. 2. Materiales en idioma
español.] I. Título. II. Series: Stone, Lynn M. Mientras la Tierra gira.
Español.
QB637.7.S7618 1994
508—dc20   94-27223
                    CIP
                    AC

Printed in the USA

ÍNDICE

EL OTOÑO

El otoño es la estación que sigue al verano y precede al invierno. El primer día de otoño, unas veces es el 22 de septiembre y otras veces el 23, según el año. Pero en muchas partes de América del Norte hay señales de que llega el otoño mucho más temprano.

En otoño el tiempo es más fresco, los días son más cortos y se producen varios cambios en la vida de las plantas y los animales.

En esta mañana de principios de octubre, los colores del otoño iluminan las orillas de un río de Vermont

EL SOL Y LAS ESTACIONES

La Tierra tarda un año en recorrer una **órbita** alrededor del Sol. El movimiento de la Tierra hace que su inclinación, o ángulo, cambie un poco cada día. A medida que ese ángulo varía, también lo hace la cantidad de luz solar que llega a la Tierra, y eso hace cambiar el tiempo y las estaciones. Ésa es la razón de que los días sean más largos en julio, por ejemplo, que en noviembre.

Los animales como esta marmota de Washington tratan de engordar durante el otoño para prepararse para el invierno

EL OTOÑO EN EL NORTE Y EN EL SUR

Durante nuestro otoño e invierno, el **hemisferio** norte, una de las mitades de la Tierra, se aleja del Sol. Al mismo tiempo, el hemisferio sur se acerca al Sol. Esto significa que en el hemisferio sur comienza la primavera cuando en el hemisferio norte comienza el otoño.

En el hemisferio sur, el otoño se inicia en marzo, justo cuando empieza la primavera en el hemisferio norte.

En otoño las verdes praderas de las montañas toman un color pardo y los carneros de cuernos grandes se aprestan a luchar

LLEGA EL OTOÑO

En el hemisferio norte, el otoño se siente desde los primeros días de septiembre. Los días son tibios, pero más cortos que en verano. Las noches son frescas y a la mañana la tierra amanece cubierta de rocío.

Poco a poco los días se vuelven más frescos. Una mañana, en vez de rocío, el suelo amanece cubierto de helada.

Al llegar noviembre, el cielo es más a menudo gris que azul. El viento arranca las hojas de los árboles y los primeros copos de nieve giran hacia la tierra. Se nota que muy pronto llegrará el invierno.

Este cuadro de un alce joven en una pradera fue pintado por Jack Frost

11

En la tundra de Alaska, el otoño llega a principios de septiembre

El panizo, una clase de maíz, las manzanas y las calabazas, se cosechan en otoño

LAS HOJAS EN EL OTOÑO

Para la mayoría de las plantas, la temporada de crecimiento termina en otoño. Muchas plantas se secan y mueren–pero antes de que la tierra pase del verde al marrón, el otoño "pinta" escenas espectaculares–.

En las hojas se producen cambios químicos que las hacen pasar del verde al dorado, a rojos, naranjas y violetas encendidos. En septiembre y octubre, los colores decoran los árboles durante unas pocas semanas mágicas, y luego el viento y la lluvia hacen caer las hojas.

Las espectaculares hojas de los árboles colorean esta colina de Vermont

LOS ANIMALES EN OTOÑO

A principios del otoño los animales comienzan a engordar para prepararse para el invierno, durante el cual algunos de ellos, como los osos y las **marmotas, hibernan,** o sea, duermen profundamente hasta la primavera.

Al caer las hojas de los árboles, los pájaros **migran,** es decir, viajan a lugares lejanos y cálidos. Los murciélagos vuelan a sus nidos de invierno. Los sapos y las tortugas se encierran en madrigueras en el barro.

16

A finales del otoño, los gansos silvestres abandonan los maizales del norte y migran hacia el sur

LAS LUCHAS OTOÑALES

Para los animales silvestres que tienen cuernos o astas, el otoño es la estación de las luchas. Los machos más fuertes se quedarán con las hembras, y los ciervos, alces, antes y carneros de cuernos grandes deciden quién es el más fuerte luchando unos con otros.

Mientras en las laderas de las montañas los alces machos se desafían a pelear, en las praderas se escuchan los golpes y chasquidos de las astas de los carneros de cuernos grandes trenzados cabeza contra a cabeza.

Un alce macho brama para desafiar a sus rivales

EL OTOÑO SIGNIFICA...

El otoño significa cosechar las manzanas, las uvas y las **calabazas.** Significa el humo tibio que desprenden las hojas al quemarse y el brillo de una helada matinal.

El otoño significa oir rugir la multitud en un estadio de fútbol o en partidos de las Series Mundiales, la cidra bien helada y el sonido de las alas de los faisanes.

El otoño significa ver volar en formación a los gansos silvestres y ver cómo florecen los crisantemos y otras flores otoñales.

El otoño significa la serena calma de un solitario camino vecinal

EL OTOÑO EN OTRAS PARTES DEL MUNDO

El brillante espectáculo que nos brindan las hojas otoñales en muchos lugares de América del Norte, no se da en todas partes del mundo.

En los lugares más cercanos al **ecuador,** todas las estaciones se parecen. El ecuador es una línea imaginaria que rodea la cintura de la Tierra. Allí, el ángulo en que la Tierra se inclina hacia el Sol casi no cambia.

El sur de Florida está suficientemente cerca del ecuador como para que allí parezca que todo el año es verano.

Glosario

calabaza — frutas de variadas formas y colores, generalmente grandes, redondas, de cáscara dura y con muchas semillas

ecuador — línea imaginaria que aparece en los mapas hacia la mitad de la Tierra, a igual distancia de los polos norte y sur

hemisferio — tanto la mitad norte como la mitad sur de la Tierra, a ambos lados del ecuador

hibernar — pasar el invierno en un profundo sueño, durante el cual las funciones vitales del cuerpo de los animales se hacen más lentas

marmota — o marmota americana, especie de gran ardilla de las montañas del oeste de América del Norte

migrar — viajar cada año en la misma época al mismo lugar lejano, generalmente para disponer de más comida

órbita — trayectoria que recorre un objeto que viaja alrededor de otro en el espacio

ÍNDICE ALFABÉTICO